Wir setzen uns für die Gleichberechtigung aller Menschen ein. Soweit wir das generische Maskulinum verwenden, geschieht dies ausschließlich aus Gründen der Vereinfachung und besseren Lesbarkeit. Eine Wertung ist damit nicht verbunden.

Wir lieben es, Menschen in die Mission zu senden, es ist ein Vorrecht als Gemeinde. Nicht jeder von uns kann gehen – aber senden können wir alle. Dies machen wir nicht nur, weil es unser Auftrag von Jesus ist (nach Apostelgeschichte 1,6-9), sondern weil wir auch selbst als Gemeinde stark davon profitieren. Wir bekommen einen Einblick in andere Länder und Kulturen und sehen aus einem anderen Blickwinkel, wie wichtig und notwendig das Evangelium in anderen Ländern ist. Es bewahrt uns davor, uns immer mehr um uns selbst zu drehen, und erhält uns den Blick für das Wesentliche. Jeder Mensch braucht Jesus: in unserer Stadt, in unserem Land, in Europa und bis an die Enden der Welt.

Marc Hönes, Missionsbeauftragter, Ev. Kirchengemeinden Wutachtal

Für uns steht ein Kletterseil symbolisch für die Aufgabe der sendenden Gemeinde: Wenn ein Kletterer die steile Wand hochkraxelt, ist er (hoffentlich) durch ein Seil mit einem Menschen unten am Boden gesichert. Das Seil darf nicht durchhängen, um schnell eingreifen zu können. Als Gemeinde verstehen wir uns als diejenigen, die das Sicherungsseil der Missionare (oder wie wir sie nennen: Außendienst-Mitarbeiter) halten. Der enge Kontakt geschieht durch regelmäßigen Austausch (je einer unserer Hauskreise übernimmt die Patenschaft für eine entsendete Person/Familie), Finanzen für den Lebensunterhalt und Gebet. Und wenn unser „Kletterer" in eine not- oder sorgenvolle Situation gerät, stehen wir mit Rat und Tat beiseite.

Isabel Weber, Offener Abend Stuttgart

Mission ist keine Einbahnstraße! Das dürfen wir als Gemeinde nun schon seit vielen Jahren erleben. Wir geben und engagieren uns nicht nur für Mission. Sondern wir empfangen so viel Gutes durch „unsere" Missionare und ihre Missionswerke: Sie helfen uns, immer wieder neu über die grenzenlose Liebe unseres Gottes zu staunen. Sie geben uns Einblicke in das, was unser Herr weltweit tut. Sie richten unseren Blick auf die Menschen, die Jesus noch nicht kennen – auch in unserem Umfeld. Sie inspirieren uns, nach neuen Wegen zu suchen, um Gottes Liebe mit unseren Mitmenschen zu teilen. Sie ermutigen uns durchzuhalten, auch wenn es schwer ist. Und so vieles mehr! Gemeinde braucht Mission! Unsere Gemeinde braucht Mission!

Torsten Pfrommer, Pastor, FeG Gießen

Die missionarische Ausrichtung der Gemeinde ist für uns ein grundsätzlicher Wert. Mission ist nicht bloße Aktivität, sondern gehört zu unserem Wesen. Sie beginnt am Ausgang der Kirche, also im persönlichen Umfeld. Dabei verlieren wir den Blick für den weltweiten Kontext nicht aus den Augen. Als Gemeinde sind wir ein Teil der Weltmission und unterstützen Menschen, Projekte und Gemeinden in vielen verschiedenen Ländern und Kontinenten.

**Christoph Bienmüller, Ältester und Missionsbeauftragter,
Braunschweiger Friedenskirche**

Für unsere Kirchengemeinde ist der Sendungsauftrag fest in unserer DNA verankert. Wir haben in den zurückliegenden 50 Jahren stets die besten unserer Mitarbeiter in den missionarischen Dienst ausgesandt und dadurch wurde unser Horizont nachhaltig geweitet. Wir haben Teil daran, wie Gott weltweit handelt, und erleben dies als Segen auch für unsere Gemeindearbeit.

Philipp König, Pastor, Matthäus Gemeinde Bremen

„Gemeinde, die nicht raus geht, geht ein." Staunen, wie Jesus weltweit wirkt, Missionare ermutigen durch Gebet und finanzielle Unterstützung, als Gemeinde Teil dieses Auftrags zu sein, was kann es Schöneres geben!? Gemeinde wird dadurch selbst bereichert.

Reinhold Frasch, Gemeindepastor, Ev. Brüdergemeinde Korntal

Als sendende Gemeinde sprechen wir von unseren Missionaren gerne als unsere „Außendienst-Mitarbeiter". Zum einen sind wir durch ihren Dienst weltweit im Reich Gottes tätig, zum anderen beinhaltet diese Formulierung auch unsere Verantwortung für sie.

Friedhelm Bokelmann, Pfarrer, Ev. Kirchengemeinde Eppingen

Vorwort

„Ich habe das Gefühl, ich war nie von zu Hause weg", drückte es ein zurückgekehrter Mitarbeiter glücklich bei einem Rückkehrer-Seminar für Missionare aus. Für die meisten Missionare ist es einer der großen Stressfaktoren, sich von der Heimat und den Freunden zu entfremden. Im Kampf darum, in der Heimat nicht ‚vergessen' zu werden, pflegen manche mit erheblichem Zeitaufwand übers Internet den Kontakt mit Familie und Freunden. Dies hindert sie aber oftmals daran, in ihrem Einsatzland innerlich anzukommen und Freundschaften zu schließen. Kann auf diese Weise heute Mission geschehen? Nur bedingt. Doch wer ist sich dieser Lage bewusst?

In dieser Broschüre macht Neal Pirolo sehr deutlich, dass der Missionsauftrag von Jesus nur gemeinsam vom Missionar und seiner sendenden Gemeinde erfüllt werden kann. Allein kann der Missionar auf dem Missionsfeld nichts erreichen. Er braucht zum einen die Gewissheit, dass seine Gemeinde ihn nicht verabschiedet, sondern gesendet und beauftragt hat. Zum anderen braucht er Unterstützung durch Gebet, Finanzen und der Einbeziehung in das Leben in der Heimat. Erlebt er das, wird er, wie anfangs zitiert, zurückkehren und sich schnell und leicht wieder in sein altes Umfeld integrieren und mit seinen Erfahrungen einbringen.

Was bedeutet das für eine Gemeinde mit dem ganzen Spektrum an Aufgaben? Wie kann eine Gemeinde ihrem Sendungsauftrag gerecht bleiben?

Das Konzept von Unterstützungsteams hat sich in diesen Fragen sehr bewährt, weil es die Missionare und die Gemeindeleitung entlastet und zeitgleich das Thema Mission in der Gemeinde präsent hält. So lebt Gemeinde begeistert Mission.

Doron Lukat,
Direktor OM Deutschland

Zum Senden berufen
leicht gemacht!

Menschen, die den Missionsauftrag von Jesus umsetzen, brauchen andere als Partner und das muss auf einer biblischen Grundlage beruhen. In Philipper 1,3-5 bestätigt Paulus: *Jedes Mal, wenn ich ´im Gebet` an euch denke, danke ich meinem Gott für euch alle. Ja, ich bete ständig für euch, und ich tue es mit großer Freude, weil ihr euch, ´seit ihr an Christus glaubt,` für das Evangelium eingesetzt habt – vom ersten Tag an bis heute.* Diejenigen, die gehen, und diejenigen, die aussenden, sind Partner in der Arbeit mit dem Evangelium.

In Römer 10,13-15 legt Paulus uns den Missionsprozess dar, vom Ziel aller Missionsaktivitäten bis hin zu denjenigen, die mit dem Missionar Partner sind: *Denn »jeder, der den Namen des Herrn anruft, wird gerettet werden«.* Hier ist das Ziel: die Rettung der Verlorenen. Paulus fährt mit seiner Argumentation fort: *Nun ist es aber doch so:*

Den Herrn anrufen kann man nur, wenn man an ihn glaubt. An ihn glauben kann man nur, wenn man von ihm gehört hat. Von ihm hören kann man nur, wenn jemand da ist, der die Botschaft von ihm verkündet. Und die Botschaft kann nur verkündet werden, wenn jemand den Auftrag dazu bekommen hat.

(ELB: *Wie aber sollen sie predigen, wenn sie nicht gesandt sind?*) Diejenigen, die als Sender dienen, werden zu Partnern des Missionars in diesem wundervollen Glaubensprojekt namens Mission.

Von dem Zeitpunkt an, an dem eine Freundin oder ein Freund zum ersten Mal sagt: „Ich glaube, Gott möchte, dass ich in die Mission gehe", bis zu dem Zeitpunkt, an dem sie nach ihrer Missionserfahrung eine neue Richtung einschlagen wollen, brauchen sie Partner und Unterstützung in sechs Bereichen:

Ermutigen: Die Freundin oder der Freund entfernt sich vom gängigen Trend der Welt, sogar der christlichen Welt. Es wird Zeiten geben, in denen angehende Missionare das Gefühl haben, wie ein Lachs gegen die Strömung zu schwimmen, damit er seinen Laichplatz erreicht; oder als ob sie sich durch eine riesige Menschenmenge drängen würden, die in die entgegengesetzte Richtung eilt. Sie brauchen jemanden, der mit ihnen geht.

Beten: Sie brauchen Gebet – und das ist noch untertrieben! Dringendes Gebet! Wirkungsvolles Gebet! Nachhaltiges Gebet! Muss noch mehr gesagt werden?

Kommunizieren: Briefe? Kurzwellenradio? Ziemlich veraltet und fast schon überholt! Aber mit den Fortschritten in der Technologie und der sofortigen Kommunikation muss man vorsichtig sein mit dem, was man sagt – und was man *nicht* sagen darf – wenn man Missionare ermutigen will.

Sich kümmern: Einzelheiten, Einzelheiten, Einzelheiten! Vielleicht ist es so einfach, wie den Hund eines Freundes zu betreuen, während er auf einem dreiwöchigen Missionseinsatz unterwegs ist. Oder es kann eine so ernsthafte Verpflichtung sein wie das Versprechen, die Kinder deiner Freunde zu adoptieren, falls beide Eltern im Einsatz sterben! Auch das muss bedacht werden.

Finanzieren: Ja, es braucht Finanzen. Obwohl es nicht das Wichtigste ist, brauchen Missionare finanzielle Unterstützung. Paulus schildert seine Wertschätzung den Christen in Philippi gegenüber und zeigt uns damit das Vorbild für den Gebenden und den Empfangenden der Spenden: *Denkt jetzt nicht, ich wäre darauf aus, noch mehr zu bekommen. Es geht mir vielmehr darum, dass der Gewinn, den ihr selbst von eurem Geben habt, immer weiter anwächst* (vgl. Philipper 4,14-19).

Rückkehr begleiten: Schließlich braucht ein Missionar bei seiner Rückkehr unbedingt besondere Betreuung! Leute denken vielleicht: „Was ist schon dabei? Er kommt doch nur nach Hause!" Eine solche Einstellung, ob laut ausgesprochen oder nicht, führt zu den traurigsten Rückkehrerfahrungen. Es ist tragisch, dass die Rückkehr in der Regel die schwierigste Zeit im Leben eines Missionars ist. Aber das muss nicht so sein, denn die Bibel zeigt uns in Apostelgeschichte 14,25-28 und 15,35 ein Beispiel für eine gute Rückkehr in fünf Schritten. Ein Missionar muss diese Schritte gehen. Aber aufgrund seiner herausfordernden Position, in der er den Stress der Rückkehr durchmachen muss, wird er es sehr zu schätzen wissen, dass du ihm bei diesen Schritten zur Seite stehst.

Was wir bereits über diese sechs Bereiche der Unterstützung angesprochen haben, reicht vielleicht aus, um die Zusammenarbeit mit einem angehenden Missionar in Gang zu bringen. Aber es könnte trotzdem gut sein, sich jeden dieser Bereiche mit Hilfe der Bibel etwas genauer anzusehen.

Ermutigen

Wie zutreffend ist doch Salomos Ausspruch in Sprüche 25,11: ´Wie` goldene Äpfel ´dargeboten` in silbernen Schalen, so ist ein ´passendes` Wort, das im richtigen Augenblick ausgesprochen wird. Das schöne Wortbild, das Salomo hier zeichnet, zeigt den Wert deiner ermutigenden Worte vom ersten Moment an, in dem deine Freundin oder dein Freund ankündigt: „Ich glaube, Gott möchte, dass ich Missionar werde."

Möglicherweise haben sie sich bereits durch die fünf Ausreden Moses hindurchgekämpft: Ich bin nicht gut genug zum Gehen. Wer sendet mich denn aus? Man wird mir nicht glauben. Ich kann nicht gut reden. Seine fünfte Ausrede entzieht sich aller Vernunft. Im Grunde sagt er: „Lass es jemand anderes machen! Nicht mich!" Die ‚Ermutigung', die Mose dann erhielt, war höchst unerwartet: *Da wurde der HERR zornig über Mose.* Und Mose sagte: „Okay! Okay! Ich gehe ja!" (vgl. 2. Mose 3,1-4,14).

Deine Freundin oder dein Freund wird wahrscheinlich alle diese Einwände hören: „Was glaubst du, kannst du tun, um die Welt zu retten?" „Was werden deine Eltern denken?" „Weißt du nicht, wie gefährlich die Welt da draußen ist?" „Du wirst nie heiraten!" „Wo soll denn das Geld herkommen?" „Eure Kinder werden soziale Außenseiter sein." Diese ‚Warnungen' sind alle schon ausgesprochen worden. Darum solltest du nichts von alledem sagen! Angehende Missionare haben die Risiken bedacht, sonst hätten sie nicht ihr Herz dir gegenüber geöffnet. Daher brauchen sie positive Worte wie: „Wow, was für ein Vorrecht, von Gott dazu berufen zu sein, in einer anderen Kultur zu dienen!" Oder: „Lass mich mit dir beten – gerade jetzt – für all die Einzelheiten, die zusammenkommen müssen." Oder: „Ich gehe mit dir zum Missionsbeauftragten der Gemeinde. Der kennt die nächsten Schritte, die zu tun sind." In jeder Phase – bei der Vorbereitung, während des Einsatzes und erst recht nach der Rückkehr – sind ermutigende Worte wie Balsam für ihre Seele.

In jenem Brief, den Paulus an seine Freunde in Philippi schrieb, ist seine Stimmung gut. Obwohl er kurz davorstand, ein zweites Mal vor dem Kaiser zu erscheinen und möglicherweise zu sterben, gebrauchte er den Ausdruck ‚froh' oder ‚sich freuen' siebzehn Mal. Was auch immer ein Missionar durchmacht – wenn er von dir ermutigt wird, wird auch er sich in allen Lebenslagen freuen.

Neuer Mut stellt sich auch ein (oder vielleicht sogar mehr), wenn er sieht, dass die anderen fünf Bereiche der Unterstützung gut funktionieren: Wenn die für die Kommunikation zuständige Person dafür sorgt, dass der Rundbrief gelesen wird. Wenn die Gebetsverantwortliche mit denen betet, die gerne für ihn beten. Wenn der fürs Kümmern Zuständige ihm hilft, die Einkommensteuerformulare richtig auszufüllen. Wenn der Finanzkoordinator andere zum Spenden ermutigt oder kreative Spendenaktionen organisiert. Wenn die für die Rückkehr Verantwortliche dafür sorgt, dass der Missionar an seinem ersten Sonntag zu Hause auch wirklich zu Hause sein kann und keine Besuche abstatten muss.

Beten

Der wichtigste Bereich der Unterstützung ist das Gebet.

Ich war gerade von einem sehr schwierigen vierwöchigen Einsatz in einem Land mit eingeschränkter Religionsfreiheit zurückgekehrt. Während der Begrüßung in unserer Gemeinde sprach eine meiner Gebetspartnerinnen mich an. Nach einer liebevollen Umarmung trat sie zurück und sagte: „Neal, ich bin wirklich froh, dass du wieder zu Hause bist! Das war die schwierigste Reise für *mich*, die du je gemacht hast!" Wieso war das für sie schwierig? Sie spürte (ohne Nachrichten von mir) die Intensität dieser Reise. Ihr Gebet verstärkte sich entsprechend dem Ausmaß meiner Schwierigkeiten.

Auf einer anderen Reise hatte ich gerade die Lektionen über das Gebet aus unserem Buch über geistliche Kampfführung mit einer Gruppe Pastoren beendet. Am nächsten Morgen sollte ich über die Taktiken des Feindes sprechen. Ich wachte früh auf. Mir war so schwindelig, dass ich nicht im Bett sitzen konnte, nicht einmal, wenn ich mich am Bettrahmen festhielt. Ich verzichtete auf das Frühstück. Dann war es an der Zeit, zum Veranstaltungsraum zu gehen. Den ganzen Weg ganz kleine Schritte! Ich schaffte es kaum zu meinem Platz auf der Bühne. Ich packte die Armlehnen des Stuhls, um nicht umzukippen. Als ich vorgestellt wurde, ging ich langsam zum Podium. Ich sah, dass sie gespannt darauf waren, die Taktiken des Feindes kennenzulernen. Ich erklärte den Pastoren meinen Zustand und wies darauf hin, dass unsere letzte Lektion vom Gebet gehandelt hatte. Es war offensichtlich, dass der Feind nicht wollte, dass wir von seinen hinterhältigen Methoden erfahren. Ich sagte: „Wir wollen anwenden, was wir gestern gelernt haben!" Meine Güte, was haben sie gebetet! Mindestens eine Viertelstunde lang, und als wir zu beten aufhörten, war mein Schwindelgefühl völlig verschwunden. Ich legte los und unterrichtete an diesem Tag sieben Stunden lang!

Bei einer anderen Gelegenheit, als ich in Brasilien lebte, hatte ich einen Unfall, bei dem ich einen Schädelbruch und eine schwere Gehirnerschütterung erlitt. Ich betete. Meine Frau betete. Unsere Mitarbeiter beteten. Meine Kinder beteten nicht! Sie lachten über Papas dummen Fehler, der den Unfall herbeigeführt hatte. Drei Wochen lang konnte ich kaum meinen Kopf vom Kissen heben und bat alle drei Stunden um Schmerztabletten. Zu dem Zeitpunkt telefonierte meine Frau, ohne dass ich es wusste, mit der Frau unseres Pastors zu Hause. Sie war im Begriff, zu einer Gebetsstunde für Frauen zu gehen. Sie sagte, sie würde die Frauen beten lassen. Innerhalb von zwei Stunden ging es mir wieder total gut! Was war das? Was war mit unseren drei Wochen Gebet geschehen? Wie wurde ich plötzlich geheilt? Warum hatten die Gebete von Frauen, die mich nicht einmal gut kannten, ‚Erfolg'?

Gebet mag ein Geheimnis sein, aber die Schrift ist klar: *Lasst euch durch nichts vom Gebet abbringen!* (1. Thessalonicher 5,17). Das Gebet, wie das in Jakobus 5,16 erwähnte ‚wirkungsvolle, leidenschaftliche Gebet', wird, wie uns gesagt wird, ‚viel bewirken'! Wenn wir das Wort Gottes anschauen, sehen wir, dass es mindestens sechs verschiedene Arten des Gebets gibt. Dank und Lobpreis ziehen uns in den Thronsaal Gottes. Psalm 100,4 fordert uns auf: *Kommt in die Tore seiner Stadt mit Dank, in die Vorhöfe seines Heiligtums mit Lobgesang!* Gebete der Prüfung und Buße reinigen unser Herz vor Gott. *Erforsche mich, Gott, und erkenne, was in meinem Herzen vor sich geht ... und leite mich auf dem Weg, der ewig Bestand hat,* lehrt uns Psalm 139,23-24 zu beten. Durch das Beispiel Davids in Psalm 51 lernen wir, um Erbarmen und Vergebung zu bitten. Gebete mit persönlichen Bitten, die mit seinem Willen übereinstimmen, sind wirksam, wie beispielsweise *errette uns vor dem Bösen* in Matthäus 6,13.

Ich mag ein persönliches Bittgebet, das von einem unbekannten Psalmisten in Psalm 67 gebetet wurde. In Vers 2 bittet er Gott: *Gott schenke uns seine Gnade und seinen Segen. Er wende sich uns freundlich zu und begleite uns mit strahlendem Angesicht.* Mir ist klar, dass viele Leute heute diesen Teil des Gebetes beten: „Gott segne mich, damit ...", und sie fügen in ihren Gedanken hinzu, was sie mit diesem Segen tun werden, damit ihr Leben besser oder leichter wird. Aber der Psalmist sagt in Vers 3, warum er möchte, dass Gott ihn segnet: *Denn so erkennt man auf der ganzen Erde dein Wirken, o Gott, und alle Völker werden sehen, was du zur Rettung der Menschen tust.* Es war ein persönliches Bittgebet, aber mit dem Ziel, dass der Segen der ganzen Welt zugutekommt. Diese fünf Gebetsarten können wir alle beten.

Was Missionare jedoch brauchen, ist das Gebet der Fürbitte. Beim Fürbittegebet stellen wir unsere persönlichen Bedürfnisse hintenan und beten für unsere Freunde in der Mission. In dem Brief, den Paulus an die Christen in Philippi schreibt, lobt er sie wegen ihrer Fürsorge für ihn. In Bezug auf das Gebet sagt er in Philipper 1,19:

Denn ich weiß, dass am Ende von allem, was ich jetzt durchmache, meine Rettung stehen wird, weil ihr für mich betet und weil Jesus Christus mir durch seinen Geist beisteht.

Was wird sich zu seiner Rettung auswirken (zum Wohl seiner Gedanken und Gefühle)? Was bedrückt ihn? Es gibt Leute, die in Rom frei das Evangelium verkünden. Einige predigen in der Hoffnung, Paulus zu ermutigen, dass das Evangelium immer noch gepredigt wird.

Aber andere predigen tatsächlich, damit Paulus sich schlecht fühlt, weil sie frei predigen können, während er es nicht kann. Kannst du dir das vorstellen? Nun, im Geist weiß Paulus die richtige Antwort: Gott sei gelobt, ‚das Evangelium wird gepredigt'. Aber er kämpft in seinen Gedanken und Gefühlen deswegen immer noch. Er ist sich sicher, dass seine Freunde in Philippi für ihn eintreten und ihre Gebete seiner Seele Frieden bringen würden (vgl. Philipper 1,14-19).

Konkrete Fürbittegebete für Missionare setzen voraus, dass wir wissen, wo sie sind, wie spät es dort ist, was sie gerade machen und wohin sie gehen – heute! Haben sie ein bequemes Bett und Kopfkissen für eine erholsame Nachtruhe? Was sind ihre besonderen Herausforderungen – heute? Was sind ihre Bedürfnisse – heute?

Aber manchmal sind wir vielleicht nicht in diese Details eingeweiht. Ich bezweifle, dass die Menschen in Philippi wussten, was in Rom geschah. Wir haben dann immer noch die Zuversicht der Bibel:

Und auch der Geist ´Gottes` tritt mit Flehen und Seufzen für uns ein; er bringt das zum Ausdruck, was wir mit unseren Worten nicht sagen können. Auf diese Weise kommt er uns in unserer Schwachheit zu Hilfe, weil wir ja gar nicht wissen, wie wir beten sollen, um richtig zu beten.
(Römer 8,26)

Wir müssen auch den Lobpreis unserer Missionare zum Herrn erheben und ihm dafür danken, denn ... *du wohnst dort, wo ´dein Volk` Israel dir Loblieder singt* (Psalm 22,4).

Was für ein überwältigender Gedanke, dass unsere Gebete für Gott wie wohlriechendes Räucherwerk sind (vgl. Offenbarung 5,8)!

Noch ein Beispiel von Paulus: Er ist im Gefängnis, diesmal zusammen mit einem Mann namens Epaphras, der Paulus von der Gemeinde in Kolossä erzählt. Paulus war noch nie dort, schreibt aber einen Brief an sie. Er beginnt sein Schreiben mit der Zusage, für sie zu beten: *Deshalb hören wir auch seit dem Tag, an dem wir davon erfahren haben, nicht auf, für euch zu beten* (Kolosser 1,9). Solch eine Hingabe brauchen deine Freunde in der Mission.

Dann erwähnt Paulus sieben Dinge, für die er für sie bittet. Obwohl er nicht für Missionare betet, hat meine Erfahrung bestätigt, dass es genau diese sieben Dinge sind, die Missionare brauchen:

1. dass sie mit der Erkenntnis des Willen Gottes erfüllt werden

2. dass sie sich von Gottes Weisheit und seinem Verständnis leiten lassen

3. dass ihr Lebensstil Gott gefällt

4. dass ihr Dienst Frucht bringt

5. dass ihr persönlicher Umgang mit Gott ihre Gotteserkenntnis erweitert

6. dass sie in der Kraft des Heiligen Geistes voranschreiten

7. und dass die Freude am Herrn in allen Lebenslagen ihre Stärke ist.

Für diese sieben Dinge können wir für unsere Missionare beten, auch wenn wir ihre konkreten Umstände nicht kennen. Dann fügt Paulus hinzu: ... *dankt ihm, dem Vater* ... (Kolosser 1,3-12). Alle unsere Gebete sollten Dank an Gott beinhalten.

Wir könnten stundenlang über das Gebet sprechen, Geschichten über erhörte Gebete erzählen, Bücher über das Gebet lesen und uns Gedanken über ‚unerhörte' Gebete machen. Aber noch zwei Gedanken zu diesem Thema: Du hast sicherlich wahrgenommen, dass ich all diese Gebete aus der Bibel angeführt habe. Ich bin davon überzeugt, dass es einen großen Wert hat, die Gebete aus der Bibel zu lesen, zu studieren und sie als Vorbild für unsere Gebete zu nehmen. Aber nicht, um sie einfach nur auswendig zu lernen und nachzuplappern. Wie Jesus schon sagte: *Ihr sollt so beten* (Matthäus 6,9), aber er meinte damit nicht, dass wir das Gebet aus Matthäus 6 auswendig lernen und dann einfach aufsagen sollen.

Nachdem Jesus Zeit im Gebet verbracht hatte, kam ein Jünger zu ihm und bat:

Herr, lehre uns beten; auch Johannes hat seine Jünger beten gelehrt. (Lukas 11,1)

Ich glaube, wenn wir diese ersten vier Wörter nehmen und den Fokus auf ,beten' legen – Herr, lehre uns beten – dass dann unsere wirkungsvollen, leidenschaftlichen Gebete viel bewirken würden (vgl. Jakobus 5,16). Die Länge unserer Gebete, die besondere Betonung unserer Worte oder gar unsere Körperhaltung beim Beten machen offenbar nichts aus. Herr, lehre uns beten für unsere Freunde in der Mission. Unsere Gebete werden wie Räucherwerk für Gott sein und unseren Freunden Kraft, Trost und Stärke verleihen.

Kommunizieren

Obwohl Missionare sich an ihrem Einsatzort kulturell anpassen werden, mit neuen Leuten Freundschaften schließen und die neuen Ess- und Lebensgewohnheiten genießen werden, gibt es immer noch etwas tief in ihrem Wesen, das die Verbindung mit der Heimat wünscht. Da war König David: Er versteckte sich in der Höhle Adullam, während das Heer der Philister seine Heimatstadt Bethlehem kontrollierte, ... *als ihn ein großes Verlangen überkam. Er sagte: „Wer bringt mir Wasser aus der Zisterne am Tor von Bethlehem?"* (2. Samuel 23,15; NeÜ). Ob es nun das Lieblingsgericht aus der Heimat oder die neugeborene Nichte im Arm zu halten ist: Sie werden den Wunsch haben, Kontakt mit der Heimat zu halten.

Der Inhalt deiner Kommunikation ist lebenswichtig. Sag die Dinge, die wirklich wichtig sind. Nicht nur: „Wie geht es dir? Mir geht es gut. Ich war heute einkaufen. Es gibt Hackbraten zum Abendessen." (Natürlich lesen sie alles, was von zu Hause kommt! Einmal ertappte ich mich dabei, dass ich eine Frauenzeitschrift las, bloß um etwas auf Englisch lesen zu können!)

Teile stattdessen deine Gedanken und Gefühle mit – was in deinem Leben und dem Leben in der Heimat wirklich vor sich geht und wie Gott in dir wirkt. Sei realistisch und ehrlich mit ihnen, aber benutze deine Freunde in der Mission nicht als Ratgeber für deine Situation. Denke daran: In all eurer Kommunikation bist du ihr Unterstützer.

Nimm an ihrem Leben im Einsatzland so viel wie möglich teil. Drücke dein Interesse an den Anliegen ihres Herzens aus. Stelle Fragen über ihr Leben dort und antworte auf das, was sie das letzte Mal kommuniziert haben. Sprich darüber, wie Gott dich dazu bringt, für sie zu beten. Erzähle über eine besonders inhaltsreiche Predigt, die du gerade gehört hast, über Gemeindenachrichten oder Neuigkeiten über einen gemeinsamen Freund – vorzugsweise aufbauende Nachrichten.

Ob auf Papier, durch Kurznachrichten oder das Internet, anderen zu schreiben ist der einfachste und verbreitetste Weg, in Kontakt zu bleiben. Es ist die Hauptgrundlage aller Kommunikation. Aber kein Tratschen, bitte!

Es gibt viele kreative Möglichkeiten, wie du mit deinen Freunden in der Mission in Verbindung bleiben kannst.

- Kommuniziere durch Fotos.

- Bringe Kinder des Kindergottesdienstes mit dem Missionar und einheimischen Kindern zusammen.

- Mache ein Video von einem Freundeskreistreffen zu Hause.

- Schalte deine Handykamera an, wenn die Leute zum Gottesdienst kommen. Halte sie ihnen entgegen und sage: „Hallo, in 20 oder noch weniger Worten, was möchtest du _____ sagen?" (Name des Missionars).

- Mache ein Videocall-Interview am Sonntagmorgen.

- Oder schicke ein ‚Care-Paket' zum Geburtstag oder zu Jahrestagen mit Leckereien aus der Heimat.

Es gibt viele Dinge, mit denen du deine Liebe ausdrücken kannst:

- Sende ein neues Buch, Musik und Predigten mittels moderner Kommunikationswege oder mit Downloadlink.

- Stelle eine Website für deinen Missionar bereit – und hilf ihm, sie mit frischen Informationen aktuell zu halten.

Ich habe einmal eine Gemeinde besucht, die im Foyer einen Computer mit einem Touchscreen stehen hat. Eine Weltkarte ist die Startseite. Sie zeigt die Einsatzorte und Fotos ihrer Missionare. Berührt man ein Foto, erscheint ein E-Mailformular. Sofort kann ein Wort der Ermutigung in die ganze Welt geschickt werden. Wenn die Familie an einem Ort mit eingeschränkter Religionsfreiheit lebt, geht die E-Mail zuerst zum Missionsbeauftragten der Gemeinde, der sie aufgrund von Sicherheitsaspekten gegenliest, ehe sie weiter an den Missionar geht.

Zwei Worte der Vorsicht: Mit all den heutigen Kommunikationsmitteln müssen wir aufpassen, was wir ins Internet senden. Wenn einmal etwas gesagt ist, kann man es nicht mehr zurückholen! Wir denken möglicherweise, mit dieser Nachricht ist es nun geschafft und wir haben unsere Verpflichtung zur Kommunikation erfüllt. Doch halt! Bevor du die Taste ,Senden' drückst, nimm dir die Zeit, das Geschriebene noch einmal durchzulesen. Stelle sicher, dass es keine Informationen sind, die andere Leute von dir und dem Missionar erfahren sollten. Verschlüsselung? Ja, aber Hacker und Regierungen kennen auch die Feinheiten der Sicherheit und wissen, wie man sie knackt. Sei vorsichtig. Halte dich daher immer an die Kommunikationsrichtlinien der Teams deiner Missionarsfreunde.

Ein Zweites: Ich stand in regelmäßigem Kontakt mit einem Missionar. Seine Briefe waren immer interessant, voller Dankbarkeit, Neuigkeiten und Gebetsanliegen. Sie kamen regelmäßig, sodass ich über seine Arbeit auf dem Laufenden war. Ich antwortete mit einem oder zwei Kommentaren. Es war eine gute dienstliche Beziehung, wenn auch über weite Entfernung hinweg. Ich hatte gerade einen seiner Rundbriefe gelesen und darauf geantwortet. Drei Tage später erhielt ich eine kurze Nachricht, die unverblümt sagte, dass er nicht mehr mit dieser Organisation zusammenarbeite, sondern mit einer anderen! Was? Ich schickte eine rasche, zweizeilige Erwiderung: „Bill, du hast jene Nachricht nicht mit doppeltem Zeilenabstand geschickt. Es war schwierig für mich, ‚zwischen den Zeilen zu lesen'!" Innerhalb von zwei Tagen erhielt ich ein langes Schreiben. Die Schleusen waren offen. Er schrieb sich alles von der Seele, was er in all den Jahren nicht geschrieben hatte.

Ja, wir müssen aufmerksam darauf achten, was Menschen in der Mission vielleicht nicht sagen. Leider hatte ich das in seinen regelmäßigen E-Mails nicht bemerkt.

Persönliche Besuche sind natürlich das Höchste bei der Kommunikation! Paulus drückt seine Wertschätzung gegenüber der Gemeinde in Philippi dafür aus, dass sie ihm Epaphroditus schickten, um nach ihm zu sehen (vgl. Philipper 2,25).

Ein Pastor hielt eine Bibelstunde für sich allein und zu seiner eigenen Erbauung – zumindest dachte er das. Als er endete, hörte er den Herrn sagen: „Diese Stunde ist für Frank und Patricia." Er rief sie an und teilte ihnen die Nachricht mit. Da er genug Geld hatte, nahm er den nächsten Flug in ihr Land und hielt eine persönliche Bibelstunde mit ihnen! Sein Besuch war nicht nur für dieses Ehepaar eine Quelle der Ermutigung. Eine Mitarbeiterin, die keine solche Fürsorge von ihrer Gemeinde erfuhr, wurde zu der Bibelstunde eingeladen. Dadurch lernte sie, wie sie ihr eigenes Unterstützungs- oder Basisteam aufbauen und sich auf dem Missionsfeld entfalten konnte.

Sich kümmern

Einzelheiten, Einzelheiten, Einzelheiten! Halt! Wenn du kein Mensch der Details bist, lies diesen Abschnitt nicht!

Okay, nun willst du ihn also wirklich lesen. Um eine effektive Person in diesem Bereich zu sein, solltest du mindestens diese vier Eigenschaften haben:

1. Sorgfalt

2. Blick fürs Detail

3. Pünktlichkeit, um Dinge direkt zu erledigen

4. Seriöse Geschäftspraktiken

Im Krieg (und Mission ist in letzter Konsequenz ein geistlicher Kampf) gibt es Tausende von Soldaten, die niemals an die vorderste Front gehen. Doch ihr Stellenwert, alle Details des Nachschubs aufrechtzuerhalten, gewinnt die Schlacht. Schneide den Nachschub ab und die an der Front sind verloren! Ein eindrücklicheres Beispiel für Missionare an vorderster Front kann man nicht geben.

Die Einzelheiten lassen sich in drei Bereiche einteilen: sich um das Wohlbefinden der Missionare, die geschäftlichen und die persönlichen Angelegenheiten kümmern.

1. SICH UM DAS WOHLBEFINDEN DER MISSIONARE KÜMMERN

Arbeitet der Missionar in einem Dienst, für den er geistlich geeignet ist? Hält er das Gleichgewicht zwischen zu Hause, persönlichem Wachstum und dem Dienst – vor, während und nach seinem missionarischen Einsatz? Wurden die Erinnerungsstücke, die er mit nach Hause bringt, möglicherweise für satanische Handlungen genutzt? Erfüllt seine Missionsgesellschaft die erklärten Erwartungen?

Eine tragische Geschichte: Ein Ehepaar im Ruhestand mit der Gabe der Gastfreundschaft hörte, dass eine Missionsgesellschaft in ihren verschiedenen Einsatzgebieten Gästehäuser unterhielt. Sie bewarben sich und wurden angenommen, ein Haus zu leiten. Mehrere Monate lang erfreuten sich alle an ihrer Gabe der Gastfreundschaft. Dann kam der Direktor zu ihnen: „Es tut mir leid, Ben, aber der Finanzdirektor muss wegen einer Herzoperation nach Hause. Du bist der Einzige, der seinen Platz einnehmen kann. Es wird nur für ein halbes Jahr sein." Bens Frau warf die Hände hoch und sagte: „Ben kann nicht einmal unser Girokonto auf dem Laufenden halten!" Der Direktor bestand darauf, und sie willigten ein. Am nächsten Tag führte der Finanzmann Ben durchs Büro: Akten, Computer, Daten. Schwindelerregend! In der Nacht starb der Finanzdirektor an einem Herzinfarkt! Ben versuchte alles, aber er brachte die Akten und Finanzen durcheinander, und zwar gründlich! Sie wurden als ‚Versager' nach Hause geschickt! Wenn sie mit dir und dem Unterstützungsteam in guter Kommunikation gewesen wären, hättet ihr es der Organisation nicht erlaubt, ihnen das anzutun.

2. SICH UM DIE GESCHÄFTLICHEN ANGELEGENHEITEN KÜMMERN

a) Materielle Güter: Als wir nach Peru gingen, hatten wir nicht das Gefühl, dass Gott uns sagte, wir sollten unser Haus verkaufen. Glücklicherweise kannten wir einen Immobilienverwalter, der es während unserer Abwesenheit vermietete und instand hielt. Als wir zurückkehrten, waren alle Aufzeichnungen über Einnahmen und Ausgaben klar dokumentiert. Alles war in Ordnung.

b) Steuern: Wie einfach machte Jesus die ganze Steuerfrage in Matthäus 22,15-22: *Gebt dem Kaiser, was dem Kaiser gehört.* Aber irdische Regierungen scheinen offenbar in der Lage zu sein, die Dinge sehr kompliziert zu machen. Daher erfordert „*Gebt dem Kaiser, was dem Kaiser gehört"* einen klugen Kopf, der die unzähligen Details für Missionare kennt.

c) Gesundheit: Versicherungspolicen, regelmäßige Vorsorgeuntersuchungen, gesundes Schlafen und Essen und sich um weitere Angelegenheiten der Freunde kümmern ... zahllose Einzelheiten!

d) Und noch ein Detail: Der Tod – die unausweichlichste Tatsache des Lebens! Ein Ehepaar genoss es, Missionarskinder in den Urwäldern von Peru zu unterrichten. Sie planten einen Weihnachtsaufenthalt in Lima. In letzter Minute wurden ihre drei Kinder krank! Reise absagen? Nein, ein paar Freunde aus ihrem Missionszentrum sagten, sie würden für die Kinder sorgen ... „Geht ruhig und habt eine schöne Zeit." An Heiligabend, als das kommerzielle Turboprop-Flugzeug über die Anden aufstieg und in den Dschungel eintauchte, geriet es in einen schrecklichen Sturm. Helfer brauchten zwei Wochen, um die Maschine zu finden. Der Urwald hatte sie verschluckt. Das Ehepaar verbrachte Weihnachten im Himmel. Aber was war mit ihren drei Kindern? Die Einzelheiten, die diesen am wenigsten erwünschten Aspekt im Missionarsleben betrafen, waren geregelt. Eine Familie, die bereits alle notwendigen Papiere wie die Vorsorgevollmacht hatte, kam und nahm sie als ihre Kinder mit nach Hause.

3. SICH UM DIE PERSÖNLICHEN ANGELEGENHEITEN KÜMMERN

Wieder so viele Details! (Wahrscheinlich bist du schon mit all diesen Statistiken überfordert, wenn du kein Freund von Details bist.)

a) Materieller Besitz: Missionaren helfen auszusortieren, was verkauft werden soll, was zu verschenken ist, was eingelagert werden soll. Konnten sie ihr Auto verkaufen – oder kannst du die Verantwortung übernehmen, es für sie zu tun? Jeder Schritt vom Verwalten des Eigentums bis hin zum Lagern der Kisten mit ihren persönlichen ‚Schätzen' ist für sie äußerst wichtig.

b) Familienangelegenheiten: Könntest du die bevollmächtigte Person für alle rechtlichen Angelegenheiten sein? Sie bei Familientreffen vertreten? Ihre betagten Eltern besuchen oder versorgen? Dein Haus ihren Kindern während des Studiums zur Verfügung stellen? Oder dich sogar um ihren Papagei kümmern, während sie weg sind?

c) Dienstbedarf: Du könntest für die Missionsarbeit benötigte Dinge sammeln und an deine Freunde schicken – Bibeln oder Material und Bilder für den Kindergottesdienst. Technische Geräte könntest du kaufen und versenden, wenn sie günstiger oder von besserer Qualität sind als das, was ihnen vor Ort zur Verfügung steht.

Diese Tätigkeiten lassen nur erahnen, wie riesig die Aufgaben und die Verantwortung für jemanden sind, der die Gabe der Verwaltung besitzt und sich um andere kümmert. Könntest du das sein? Deine Freunde in der Mission brauchen einen Partner mit diesen Fähigkeiten.

Finanzieren

„Na ja, ich wusste, dass das kommt!" Da eine solche Haltung in den Köpfen vieler Leute steckt, ist Geld das schwierigste Thema im ganzen Missionsgeschehen geworden. Das sollte nicht so sein. Wir sollten die biblischen Grundsätze anwenden, um die rechte Einstellung des Gebers und des Empfängers von Finanzen zu entwickeln. Dies würde den Prozess der Finanzierung kulturübergreifender Mission völlig revolutionieren.

Wir wollen mit der uralten Bibelstelle bei Mose beginnen: *'Wenn ihr im Land Kanaan zu Wohlstand kommt', dann denkt bloß nicht: »Das haben wir mit eigener Kraft geschafft. Durch unserer Hände Arbeit sind wir reich geworden.« Erinnert euch vielmehr daran, dass der Herr, euer Gott, euch die Kraft gegeben hat, all diesen Wohlstand zu erwerben. Denn er hält sich an den Bund, den er euren Vorfahren mit einem Eid zugesagt hat, und das tut er bis heute* (5. Mose 8,17-18). Wenn wir alle diese Wahrheit begreifen, haben wir einen guten Ausgangspunkt. Wir sind völlig von dir abhängig, Herr!

Ein weiteres Juwel der Wahrheit aus Mose: Er war mit den Plänen für den Bau der Stiftshütte vom Berg Sinai heruntergekommen. Und Gott hatte gesagt: *Alle, die von Herzen dazu bereit sind, sollen ihm etwas geben* (2. Mose 35,5). Was geschieht nun? In den nächsten Versen heißt es siebenmal: „Sie gaben bereitwillig. Ihr Herz wurde willig gemacht. Jeder, dessen Geist willig war. Sie brachten eine freiwillige Gabe. Diejenigen, deren Herzen berührt wurden ..." Was geschah also? Sie brachten alle Materialien, die für die Stiftshütte benötigt wurden. Eines Tages sahen die Arbeiter, dass sie genug hatten – mehr als genug. Sie sagten den Leuten, dass sie nichts mehr geben sollten. Sie wollten aber nicht! Die Arbeiter gingen zu Mose: „Mose, sie wollen nicht aufhören zu geben!" Mose musste zu den Leuten gehen und sie vom Geben abhalten (2. Mose 35,5-36,6)! Lies am besten selbst diesen ganzen Abschnitt. Mir ist klar, dass das kaum zu glauben ist.

Was also macht ein Herz bereit? Das beantwortet die Bibel auch! König David sagte zum Herrn: „Es ist nicht recht, dass ich in diesem luxuriösen Haus lebe, doch für dich gibt es keinen Platz, um darin zu wohnen." Gott sagte: „Tut mir leid, David, deine Hände sind durch den Krieg blutig geworden. Aber dein Sohn wird den Tempel bauen." Was sagte David dazu? „Gut, dann kann ich also mein ganzes Geld für mich behalten! Ich kann richtig Urlaub machen!" Nein! Als er die Pläne für den Tempel darlegte, „stellte er einen Scheck" von seinem persönlichen Konto aus über den Betrag von 3000 Talente Gold (ca. 100 Tonnen) und 7000 Talente Silber (ca. 250 Tonnen). Nun ... bist du bereit dafür? Nach den aktuellen Preisen von 2023 gab er über fünf Milliarden Euro von seinem persönlichen Geld! Die Bibel fährt fort: „Als die Oberen sahen, dass David bereitwillig gab ..." Bereitwillig ... da ist wieder dieses Wort! „Als die Oberen sahen, dass David bereitwillig gab, gaben sie auch bereitwillig. Und als das Volk sah, dass die Oberen bereitwillig gaben, gaben sie auch bereitwillig" (vgl. 1. Chronik 28-29).

Überall in der Bibel lesen wir von der Bereitwilligkeit, mit der die Menschen gaben. Sogar im Abschnitt in 2. Korinther 8,14, wo es um die gleichmäßige Verteilung des Wohlstands geht, heißt es in Vers 12, dass es eine Bereitwilligkeit braucht.

Eine weitere Bibelstelle, die ein Herz bereit machen könnte, ist Maleachi 3,10. Dies ist eine Stelle in der Bibel, an der Gott sagt: *Bringt den kompletten zehnten Teil eurer Ernte ins Vorratshaus ... Stellt mich doch damit auf die Probe ... ob ich nicht die Fenster des Himmels für euch öffnen und euch mit unzähligen Segnungen überschütten werde!* Mein persönliches Zeugnis zu diesem Prinzip: Ich bin zu 100 Prozent überzeugt, dass wir mit 90 Prozent oder weniger von unserem Einkommen ein finanziell besser abgesichertes Leben führen als mit den vollen 100 Prozent!

Und noch etwas: Ich glaube, wenn wir wirklich darüber nachdenken würden, was Jesus für uns am Kreuz von Golgatha getan hat, dann wäre unser Herz bereit, überall hinzugehen und für unsern Herrn alles zu tun. Als Jesus im Begriff war, aus der Ewigkeit in diese Weltordnung zu kommen, kann ich mir vorstellen, wie er und sein Vater auf der Schwelle der Zeit standen. Bei einer letzten Umarmung sagt Jesus: *Opfer und Gaben willst du nicht; stattdessen hast du mir einen Leib gegeben* (Hebräer 10,5). Gottes Wille war es, dass Jesus die Strafe für die Sünden der ganzen Welt tragen solle – ein unglaubliches Opfer! Dann, als Jesus am Kreuz hing und der Vater sich von seinem Sohn abwandte, heißt es in der Schrift: *Doch es war der Wille des HERRN, ihn leiden zu lassen und zu vernichten* (Jesaja 53,10; NLB). Unvorstellbare Gedanken! Und doch ist genau das geschehen. Wie könnten wir da *nicht* bereit sein? Paulus drückt es so aus:

Ich habe euch vor Augen geführt, Geschwister, wie groß Gottes Erbarmen ist. Die einzige angemessene Antwort darauf ist die, dass ihr euch mit eurem ganzen Leben Gott zur Verfügung stellt und euch ihm als ein lebendiges und heiliges Opfer darbringt, an dem er Freude hat. Das ist der wahre Gottesdienst, und dazu fordere ich euch auf.
(Römer 12,1)

Wie wirkt sich dies nun auf *bereitwilliges* Geben von Finanzen für die Mission aus? Wir wollen uns noch einmal den Missionar aus dem 1. Jahrhundert als Vorbild anschauen: Paulus ist im Gefängnis – schon wieder! (Ich weiß nicht, ob ihn heute irgendeine Missionsgesellschaft mit solch einem Lebenslauf annehmen würde.) Diesmal hat er es wirklich geschafft! Er hatte sich an den Kaiser gewandt. Nach Jahren im Gefängnis von Cäsarea als politischer Spielball, einem Schiffsunglück und einer beinahe tödlichen Begegnung mit einer Schlange, sitzt er nun in Rom und wartet auf seinen Prozess.

Doch höre dir an, wie er seinen Dank gegenüber den Christen in Philippi ausdrückt, als Epaphroditus ihm etwas Geld mitbringt: *Ich habe mich sehr gefreut ...* (Philipper 4,10). (Er hat bereits sieben oder acht Mal in diesem kurzen Brief Freude ausgedrückt.) Kannst du dir das vorstellen? Der Mann steht unter Hausarrest. Er kann das Evangelium nicht frei verkündigen. Ein paar Christen da draußen predigen frei das Evangelium, damit er sich schlecht fühlt! In seiner Seele kämpft er mit dieser Tatsache. Er steht kurz davor, ein zweites Mal vor den Kaiser zu treten, und denkt über Leben und Tod nach. Und er sagt, dass es ihn wieder sehr gefreut hat! Was für ein Typ! Ich wäre nicht überrascht, wenn er Timotheus bitten würde, loszugehen und eine Pizza zu besorgen. Natürlich würde Doktor Lukas darüber die Stirn runzeln – ungesund!

Dies ist seine Einstellung: *Denkt jetzt nicht, ich wäre darauf aus, noch mehr zu bekommen ...* Er hat nicht gesagt: „Hey, Epaphroditus, hast du mir Geld mitgebracht? Ich habe diese neue Rolex-Sonnenuhr gesehen, die ich mir kaufen möchte!" So ein Blödsinn! Er sagt: *Denkt jetzt nicht, ich wäre darauf aus, noch mehr zu bekommen. Es geht mir vielmehr darum, dass der Gewinn, den ihr selbst von eurem Geben habt, immer weiter anwächst* (Philipper 4,17). Es war nicht so, dass er das Geschenk nicht zu schätzen wusste. Ich bin mir sicher, das tat er. Er sagt das ja. Aber sein größeres Interesse galt dem Segen, den ihr Geschenk für sie haben würde. Dann sagt er in Vers 18, die Gabe *ist wie ein Opfer, dessen Duft vom Altar zu Gott aufsteigt, ein Opfer, das Gott willkommen ist und an dem er Freude hat.* Was für eine Einstellung!

Anschließend, im Zusammenhang mit dem gerade gegebenen finanziellen Opfer, versichert der Heilige Geist (durch Paulus) die Geber in Philipper 4,19: Macht euch keine Sorgen!

Und was eure eigenen Bedürfnisse angeht, so wird derselbe Gott, der für mich sorgt, auch euch durch Jesus Christus mit allem versorgen, was ihr braucht – er, der unerschöpflich reich ist und dem alle Macht und Herrlichkeit gehört.

Die Haltung des Missionars und der Person, die gibt, können wir folgendermaßen ausdrücken: „Du gibst dein Geld nicht dem Missionar. Aber so wie er dem Herrn sein Leben im Dienst gibt, gibst du dem Herrn deine finanziellen Mittel." Ja, der Missionar verwaltet dieses Geld, aber du hast es für das Werk des Herrn gegeben.

Rückkehr begleiten

„Was ist denn so schwierig daran? Er kommt doch nur nach Hause!"
Im Jahr 2019 hat sich die USA wieder offensiv der Weltraumfahrt zuge-
wandt. Ich kann mich noch gut daran erinnern, wie aufregend es war,
von den ersten Starts vor so vielen Jahren zu hören. All dieser Kraft zu
lauschen, die man am Anfang braucht, um die Schwerkraft der Erde
zu überwinden. Aber diese Minuten des ‚Blackouts', als sie wieder in
die Erdatmosphäre eintraten, waren ebenso spannungserfüllt! (Erin-
nere dich an Apollo 13!) Die Präzision, die notwendig war, um genau
die richtige Neigung zu treffen, brauchte detaillierte Berechnungen
der Geschwindigkeit und des Eintrittswinkels. Die Verantwortlichen
wussten nur zu gut, dass durch einen zu flachen Winkel die Raumfähre
wegfliegen würde, verloren im Weltraum. Andersherum würde ein zu
steiler Winkel die Raumfähre beim Wiedereintritt verglühen lassen.

Du kannst mir sicherlich folgen. Dies ist ein perfektes Beispiel für
die Rückkehr eines Missionars. „Was ist denn so schwierig daran?
Du kommst doch nur nach Hause!" „Hallo, bist du ein Besucher?" „Du
passt nicht mehr hierher." Oder wie Johannes' Pastor, der ihn mit
„Hallo Johannes, wie war es in Australien?" begrüßte, als Johannes
gerade nach zwei sehr schwierigen Jahren in Afrika zurückgekehrt war.
Und schon fliegt er ins All! Johannes verließ die Gemeinde, um sich
wieder seinen Drogenkumpeln anzuschließen. Nur ein paar Freunde,
die nach ihm suchten, halfen ihm, wieder auf die Beine zu kommen.

Es gibt zahllose traurige Geschichten über eine misslungene Rückkehr.
Ich habe mit einer Gemeinde im Nordwesten der USA geweint: „Warum
haben wir das nicht gesehen? Wir hatten keine Ahnung, was wir tun
sollten", klagten sie. Ein junges Ehepaar war gerade von einem sehr
schwierigen vierjährigen Einsatz zurückgekommen. Sie stritten sich
ständig … nichts, was zur Scheidung führte … nur wegen Kleinigkeiten.
Sie wurden ständig krank … nichts fürs Krankenhaus … sie fühlten
sich einfach nicht wohl. Die Gemeinde sagte: „Sie lieben einander.
Sie werden das bestimmt wieder hinkriegen." An einem Mittwoch,
als sich das Paar auf den Weg zur Gemeinde vorbereitete, sagte die
Frau: „Schatz, ich fühle mich nicht gut. Geh du mal in die Gemeinde.
Ich bleibe zu Hause." Als der junge Ehemann wieder nach Hause
kam, stellte er fest, dass sich seine Frau das Leben genommen hatte!

Die Leute der Gemeinde hatten keine Ahnung, wie der korrekte Winkel für den Wiedereintritt sein musste – und bei der Reibung beim Wiedereintritt ging die ganze Situation in Flammen auf! Damit es uns nicht krank macht, wollen wir wieder in der Bibel nach dem richtigen ‚Eintrittswinkel' schauen: Barnabas und Saulus waren vom Heiligen Geist und der Gemeinde in Antiochia zu einem kulturübergreifenden Missionseinsatz beauftragt worden. Der Arzt Lukas berichtet uns von ein paar ziemlich wilden und aufregenden Ereignissen! Als sie nach Attalia gelangten, hatten sie ein Arbeitsschema: Geht in die Synagoge, macht an so vielen Sabbaten wie möglich mit, werdet rausgeworfen, nehmt die Gläubigen mit und gründet eine Gemeinde. Bei ihrer Aussendung hatte der Heilige Geist nicht gesagt, wie lange dieser Einsatz dauern würde. Ich nehme also an, dass sie bei der Ankunft in Attalia nach der Synagoge suchten. Doch ab Apostelgeschichte 14,26 sehen wir die erste Phase einer guten Rückkehr.

Schritt 1: Sie wussten durch den Heiligen Geist, dass es Zeit war, nach Hause zurückzukehren. Die Arbeit war abgeschlossen. Nein, nicht überall, wo sie gewesen waren, waren die Leute bereits alle Christen. Nein, nicht in allen Städten war schon eine Gemeinde gegründet. Aber sie wussten, dass es Zeit war heimzukehren.

Heute mag das wie eine Selbstverständlichkeit erscheinen, da Missionare gewöhnlich ein Rückflugticket haben. Oder die Organisation oder die Gemeinde hat ein Rückkehrdatum festgelegt. Aber so leicht ist das nicht. Der Missionar sagt vielleicht: „Es gibt noch so viel zu tun." „Ich habe diese Kultur liebgewonnen." „Mein Heimatland ist so gottlos geworden. Ich passe da nicht mehr hin." Oder der Ehemann wurde als Geisel genommen. Die Reaktion der Organisation ist, dass alle Familienmitglieder nach Hause kommen. Eine trauernde Ehefrau wird nicht leichten Herzens sagen: „O, ich weiß, es ist Gottes Wille, dass ich zu Hause bin!" Aber ihr (Frauen) werdet euch die Zeit nehmen, um ihr zu helfen, dies mit der Zeit zu akzeptieren, wie lange es auch dauern mag. Deine Freundin oder dein Freund muss körperlich, mental, emotional und geistlich ‚angekommen' sein, damit die anderen vier Schritte gelingen können.

Schritt 2: Sie kehrten zu der Gemeinde in Antiochia zurück, die sie ausgesandt hatte. Das weist auf die Notwendigkeit hin, dass ein Missionar eine sendende Gemeinde hat. Diese sollte den Missionar und sein Unterstützungsteam in einem besonderen Sendungsgottesdienst beauftragen. Einige Missionare haben diesen Punkt übersprungen und sind nicht in ihre sendende Gemeinde zurückgekehrt. Leider stellen sie manchmal zu spät fest, dass sie sich die Zeit hätten nehmen sollen, sich wieder an ihre ‚neue' Kultur zu gewöhnen – unter den Leuten, die liebevoll für sie gesorgt hatten, als sie fort waren. Natürlich ist manchmal die Gemeinde nicht mehr da, wenn sie nach Hause kommen. Ein Grund mehr für dich und für ein ganzes Rückkehr-Unterstützungsteam, die ihr eure Freunde während ihres Missionseinsatzes begleitet habt, für sie da zu sein.

Schritt 3: *In Antiochia angekommen, riefen sie die Gemeinde zusammen und berichteten ihr, was Gott durch sie als seine Mitarbeiter alles getan hatte.* »´*Wir können bestätigen*`«*, sagten sie,* »*dass Gott den Nichtjuden die Tür zur Rettung durch den Glauben geöffnet hat.*« (Apostelgeschichte 14,27). Die Gemeinde in Antiochia sorgte auf zwei Ebenen für Auswertungsgespräche für die Rückkehrer:

a) Auf der einen Seite war *die Tür zur Rettung* für die Nichtjuden geöffnet worden. Das sind die großartigen und wunderbaren Geschichten, die erzählt werden müssen. Aber das geschieht nicht in zehn Minuten, die in ein Mittwochabend-Treffen gequetscht werden. Auch nicht, wenn der ganze Abend dem Missionar überlassen wird. Das geht am besten, wenn das Rückkehr-Unterstützungsteam (in Absprache mit dem Missionar) mindestens fünf Veranstaltungen mit fünf verschiedenen Zielgruppen ansetzt, zum Beispiel mit Kindern, Teenagern, jungen Erwachsenen, Senioren und sogar mit einem Bürgerverein! Das zwingt den Missionar, zu überdenken und neu zu ordnen, was während seines Einsatzes geschehen ist und was für jede Gruppe sinnvoll und am passendsten wäre. Weiter hilft es ihm auch, das Gute und weniger Gute durchzusortieren, was während des Einsatzes passiert ist. Dadurch wird er eher in der Lage sein, das Gute und weniger Gute seiner Heimatkultur im richtigen Blickwinkel zu halten.

b) Ebenso wichtig ist der andere Teil des Auswertungsgespräches ... *was Gott durch sie alles getan hatte*. Dies ist der persönlichere Teil. Die tiefen Gefühle und Gedanken, wieder zu Hause zu sein. Darüber redet man am besten in kleinen Gruppen oder mit nur einem oder zwei engen Freunden. Das hilft dem Missionar zu durchdenken, inwiefern er jetzt anders ist, wie sich sein Lebensstil ändern wird und was seine nächsten Schritte sind.

Schritt 4: *Paulus und Barnabas blieben nun für längere Zeit bei den Jüngern ´in Antiochia`* (Apostelgeschichte 14,28). Eigentlich steht dort ‚verweilten'. Wir verwenden das Wort ‚verweilen' heute kaum mehr, aber es ist bedeutsam. Im Griechischen gibt es zwölf verschiedene Wörter, wofür wir nur eins haben: verweilen! Das griechische Wort, das hier verwendet wird, drückt die Vorstellung aus von ‚wegreiben' oder ‚ausschrubben'. Also beherbergten die Leute in Antiochia Paulus und Barnabas so lange, bis all das Seltsame am wieder Zuhause sein ‚weggerieben' war. Wir wissen nicht, wie lange das dauerte. Es heißt aber, eine ‚längere Zeit'. Du weißt auch nicht, wie lange es dauern wird! Manchmal kann sich ein Missionar schnell wieder eingliedern, manchmal nur unter Schwierigkeiten.

Schritt 5: Deine Aufgabe ist vollendet, wenn Schritt 5 erreicht ist: *Paulus und Barnabas hingegen blieben zunächst in Antiochia. Zusammen mit vielen anderen unterrichteten sie die Menschen in der Botschaft des Herrn und verkündeten das Evangelium in der ganzen Stadt* (Apostelgeschichte 15,35). Zugegeben, einen Vers später schlägt Paulus vor, wieder loszuziehen. Aber zwischen diesen beiden Versen ist viel Zeit vergangen. Eine zweite Missionsreise und eine Rückkehr von *dieser* wird besser sein, wenn ein Missionar die Kunst gelernt hat, bi-kulturell zu sein. Wie es ein Reisender des 20. Jahrhunderts ausdrückte: „Ich bin an einem Punkt angelangt, an dem ich mich nirgendwo zu Hause fühle, aber ich bin auch an einem Punkt angelangt, an dem ich mich überall zu Hause fühle!" Im Leben eines Missionars wird es immer die Zwiespältigkeit geben: „Wo auf der Welt passe ich hin?" Aber das ist in Ordnung. Wir alle, wie Abraham, *warten auf die Stadt, die auf festen Fundamenten steht und deren Gründer und Erbauer Gott selbst ist* (Hebräer 11,10).

Schlussgedanken

Wir haben uns mit einem breiten Spektrum an möglichen Aufgaben beschäftigt. Eine Person allein kann nicht die vollständige Betreuung des Missionars übernehmen. Aber ich hoffe, dass der eine oder andere Bereich der Aufgaben bei dir Interesse geweckt hat.

- Hast du die Gabe der **Ermutigung?** Nimm Kontakt zu einem Missionar auf. Gib ihm ein ermutigendes Wort. Nimm durch dein Interesse an seinem Dienst teil und interessiere dich für ihn als Person.

- Hast du die Gabe der **Fürbitte?** Bringe seine Anliegen in Erfahrung und verpflichte dich, den Missionar durch regelmäßiges Gebet mitzutragen.

- Hast du die Gabe der feinfühligen **Kommunikation?** Halte die Verbindung zwischen dem Missionar und seiner Heimatkultur aufrecht. Verstehe, was er in seinen Rundbriefen sagt und was er nicht sagt – und reagiere darauf.

- Hast du die Gabe der **Verwaltung?** Überlege, um welche geschäftlichen Bereiche deiner Freundin oder deines Freundes du dich in der Heimat kümmern kannst.

- Hast du die Gabe des **Gebens?** Entschließe dich, finanziell in das Reich Gottes zu investieren, indem du die Arbeit eines Missionars unterstützt.

- Hast du die Gabe der **Gastfreundschaft oder seelsorgerlichen Begleitung?** Hilf dem Missionar durch jene fünf kritischen Phasen hindurch, damit er einen guten Wiedereintritt und eine sichere Landung hat.

- Hast du die Gabe der **Koordination?** Berufe regelmäßige Treffen für all die Personen ein, die sich in den sechs Bereichen der Unterstützung einbringen, um euren wichtigen Dienst zu koordinieren. Repräsentiere den Missionar in der Gemeinde und halte die Vision für ihn und für Mission wach.

Welch ein Vorrecht haben wir doch, die wir dazu berufen sind, zu Hause zu bleiben. Wir können uns aktiv und entschlossen in das Leben unserer Missionare einbringen. Wir können unsere von Gott gegebenen Gaben für den Dienst einsetzen, und durch sie dem Herrn dienen, indem wir unsere Freunde in der Mission unterstützen.

Der Missionsauftrag von Jesus gilt jeder Person, die Jesus nachfolgt,

und jeder Gemeinde und Kirche. Gehen kann eine Person nur, wenn sie jemand sendet. Auch das ist Auftrag jeder Gemeinde und Kirche. Die verschiedenen Missionswerke wollen Gemeinden genau dabei helfen und sie bei der Umsetzung der Prinzipien in dieser Broschüre unterstützen. Nehmt gerne Kontakt mit uns auf!

www.bibelstudienkolleg.de

www.marburger-mission.org

www.diguna.de

www.om.org/de

www.dipm.de

www.omf.de

www.dmgint.de

www.reachacross.de

www.emo-wiesbaden.de

www.sahel-life.org

www.ethnos360.de

www.vdm.org

www.frontiers.de

www.wec-international.de

www.liebenzell.org

© Neal Pirolo 2021
Originally published under the title *Partners In The Gospel*
by Emmaus Road International, Inc.
7150 Tanner Court, San Diego, CA 92111, USA

Diese Broschüre ist eine aktualisierte Kurzversion des 2007 bei SCM
Hänssler erschienenen Buches *Berufen zum Senden* von Neal Pirolo.

© der deutschen Ausgabe 2023
OM Books · Alte Neckarelzer Straße 2 · 74821 Mosbach · Deutschland
E-Mail: buchbasar.de@om.org · Internet: www.om.org/de
ISBN: 978-3-947995-27-1

Übersetzung: Gudrun Piater
Lektorat: Tobias Kübler, Ingrid Lauche
Umschlaggestaltung und Layout: Lydia Reimer
Druck: BasseDruck, Hagen

Titelbild, S. 32: OM; S. 2, 4-5, 17, 37, 40: Rebecca Rempel; S. 6, 8: Dose-
ong Park; S. 13: Hannah Busing, Unsplash; S. 14: Shawn Skinner; S. 43:
Nikita Pochidco; S. 20: Evan Schneider; S. 22: Surface, Unsplash; S. 25:
Bench Accounting, Unsplash; S. 29: Micheile Henderson, Unsplash;
S. 35: Osman Yunus Bekcan, Unsplash

Die Bibelzitate stammen, wenn nicht anders vermerkt, aus der NGÜ.
Neue Genfer Übersetzung © 2011 Genfer Bibelgesellschaft, Praz-Rous-
sy 4 bis, 1032 Romanel s/Lausanne, Schweiz. In dieser Übersetzung sind
Ergänzungen zum Originaltext zur besseren Verständlichkeit durch die
Übersetzer mit 'einfachen Anführungszeichen oben' gekennzeichnet.

Bibliografische Informationen der Deutschen Nationalbibliothek
Die Deutsche Nationalbibliothek verzeichnet diese Publikation in der
Deutschen Nationalbibliografie; detaillierte bibliografische Daten sind
im Internet über http://dnb.d-nb.de abrufbar.